MIXTE
Papier issu de sources responsables
Paper from responsible sources
FSC® C105338

Saléon, bribes de vies, brèves d'Histoire

En application de l'art. L.137-2.-I. du code de la propriété intellectuelle, toute reproduction et/ou divulgation de parties de l'oeuvre dépassant le volume prévu par la loi est expressément interdite

© 2025, Laurent Fantino

Édition : BoD · Books on Demand, 31 avenue Saint-Rémy, 57600 Forbach, bod@bod.fr
Impression : Libri Plureos GmbH, Friedensallee 273, 22763 Hamburg (Allemagne)

ISBN : 978-2-3226-1351-9

Dépôt légal : mai 2025

Saléon, un village à travers le temps, Bribes de vies et brèves d'Histoire

Récits, essais, photos présentant le patrimoine d'un village des Hautes Alpes, recueillis et édités par l'association **Saléon, Site, Village et Patrimoine**

Contributeurs : Laurent Fantino, Claude Aigon

Saléon, bribes de vies, brèves d'Histoire

A la mémoire de nos anciens, de nos ancêtres,

des membres de l'association nous ayant quittés

Saléon, bribes de vies, brèves d'Histoire

AVANT-PROPOS

« Quand il le faut, elle sait bien mourir, c'est-à-dire jeter une graine au moment-même de sa fin ». G.Tomasi di Lampedusa.

L'association Saléon, Site, Village et Patrimoine, a vu le jour avec le Siècle. Tout au long de ses vingt premières années, elle a eu à cœur de rassembler les éléments épars de l'histoire locale, recherches dont elle s'est attachée à présenter les résultats sous forme d'expositions bisannuelles parfois agrémentées de conférences, sur le site même du village perché. Citons de mémoire quelques thèmes : La Pierre et l'Eau, L'Agriculture d'Antan, Le Buëch, Les Saléonais d'une Guerre à l'Autre, Saléon : Histoire et histoires, L'Ecole au temps de la Grande Guerre, La Montagne à travers la Gravure au 19ème Siècle... Il convient de remercier le défunt SIVU Patrimoine et Culture, ainsi que les Archives Départementales pour l'aide précieuse que tous deux ont pu apporter.

Parallèlement, s'est constituée une photothèque évoquant les habitants et leurs activités dans la première moitié du 20ème Siècle, témoignage ethnologique dont on espère que les temps à venir démontreront l'utilité.

Comme bien d'autres, l'association a été brutalement stoppée par la pandémie du COVID 19, et a dû se mettre en sommeil. Hélas, il est des sommeils dont on ne se réveille pas lorsqu'une dynamique a été cassée, et Saléon,Site, Village et Patrimoine doit faire face à sa disparition. Mourir, soit ! mais mourir debout ! Son dernier acte sera donc de laisser une trace, sinon d'elle-même, mais du moins de ses travaux dans un ouvrage à l'usage de ses membres, mais aussi des organismes qui pourraient y trouver un intérêt.

Alors, la graine évoquée en exergue dans Le Guépard, la voici !

Claude Aigon, anciennement président

LA PREHISTOIRE A SALEON

Premières traces – vestiges chasséens

La montagne, et en particulier le massif alpin, a toujours été un espace difficile à conquérir pour l'homme. La difficulté d'accès, la rudesse de la vie, la rareté des ressources n'ont guère au début favorisé la vie des premiers hommes. Cependant, par les cols, par les vallées, les montagnes étaient aussi des lieux de passage depuis les temps les plus reculés.

Dès le paléolithique inférieur et moyen (avant -100 000), les premiers hommes se sont aventurés dans les Alpes, à la recherche de gibier et de silex pour leurs outils, comme celui du gisement de Val de Lans dans le Vercors. L'Homme de Neandertal a également occupé de façon sporadique les Alpes entre 80 000 et 35 000 av. JC, notamment des grottes de haute altitude. C'est avec la fin de la glaciation du Würm que l'homme pénètre dans les massifs préalpins des Alpes occidentales et qu'il vient exploiter les ressources : torrents poissonneux, forêts giboyeuses…

Avec la période mésolithique (10200-6500 av JC) on trouve des traces du passage de l'homme qui parcourt alors le Sillon Alpin, dépression en forme d'arc qui sépare Préalpes et grands massifs cristallins et qui se prolonge par la vallée du Buëch vers celle de la Durance. Il n'y a pourtant guère, dans les environs de Saléon, de traces de cette période, à l'exception d'un objet trouvé sur la commune de Lagrand, un nucléus à lamelles, c'est-à-dire un bloc de pierre taillé, le plus souvent par percussion pour en détacher des éclats.

Les premières traces affirmées de l'homme sur la commune de Saléon remontent au néolithique. A partir de 5000 avant JC, cette période voit apparaître, avec la sédentarisation, de nouveaux artéfacts, des outils, des haches, de la céramique qui sont autant de marqueurs plus précis. Plusieurs haches en obsidienne, pierre noire et tranchante, trouvées sur la commune, notamment à la Tuilière, témoignent sinon de l'implantation de l'homme à Saléon dès le néolithique ancien, du moins de son passage sur le territoire. En effet, point de gisement d'obsidienne dans les environs, la pierre de ces outils a donc voyagé jusqu'ici.

Au néolithique moyen, la civilisation chasséenne (4200-3500 avant JC) remonte progressivement depuis le sud le long des vallées, jusqu'à la zone de confluence entre Buëch et Durance ; le Trièves est également occupé. Des camps chasséens relevés en divers lieux, notamment à Orpierre et Serres, indiquent le début de l'occupation permanente de la région. Les camps sont situés en bordure de forêt, à proximité de torrents, à l'abri des couloirs d'avalanche ou des zones de glissement de terrain ; les vallées larges sont favorisées.

Les dépôts abondants relevés et décrits par Paul Plat au début du XXème siècle indiquent clairement une occupation du territoire de Saléon dans la durée depuis cette époque. De nombreux objets et fragments rattachés au Chasséen sont ainsi inventés sur les stations du Pré d'Abis et de Dareyre, points surélevés au débouché de la vallée du Céans, sur le passage vers le sud et la vallée du Buëch : pointes de flèches, racloirs, morceaux présumés de meules, fragments de haches polies et morceaux de vases en terre…

Pas de gisement spectaculaire ni de grottes peintes dans les environs mais des artéfacts qui prouvent que depuis que l'homme a pénétré dans les Alpes, Saléon se trouvait sur des voies de passage et a été occupé.

Conquête des Alpes à l'âge du bronze

A travers les millénaires suivants, exploitation des ressources en minéraux et conditions climatiques façonnent l'occupation des Alpes et de la région. Il semble notamment qu'un foyer secondaire de la civilisation rhodanienne, née sur les rives du Lac Léman se soit développé dans le Gapençais ; les Baronnies fourniront aussi des objets liés à cette civilisation qui se développe à partir de 2800 avant JC.

Une période climatique difficile s'ouvre sur plusieurs siècles (Bronze Moyen XVII-XV avant JC) qui verra disparaître l'exploitation des ressources minières et les populations liées.

Le retour à des conditions plus clémentes vers - 1200 amènera un retour des populations dans les Alpes et un fort développement des industries métalliques associées, dont de nombreux objets sont retrouvés notamment à l'Epine, à proximité de Serres, où la présence de quatre dépôts dans un même champ semble indiquer, par la concentration géographique qu'elle traduit, une signification sociale ou religieuse.

A la fin de l'Age du Bronze se développent des sites d'occupation sur les hauteurs, contrôlant les chemins de passage, au détriment des établissements sur les berges de rivières ou de lacs. La présence de plusieurs tumuli entre Buech et Durance pourrait alors confirmer l'émergence d'une aristocratie locale, installée sur les axes de communication transalpins.

On peut imaginer que la localisation de Saléon, sur la vallée du Buëch, au débouché de celle du Céans en a fait un lieu privilégié pour une implantation à travers l'Age du Bronze, comme la présence d'objets de bronze dans les dépôts inventoriés par Paul Plat le suggère. Cependant d'après le docteur Vésignié membre de la Société d'Etude des Hautes-Alpes, pas de trace de tumulus sur la commune.

Des vestiges découverts lors de la construction d'une maison, remontant au Néolithique d'après une expertise du musée de Gap indiquent bien que la commune a accueilli des sépultures depuis des périodes très anciennes. Mais l'INRAP n'existait pas alors et les restes d'une nécropole préhistorique se trouvent peut-être sur le territoire de Saléon.

CELTES, GAULOIS OU ROMAINS : AU CŒUR DU TERRITOIRE VOCONCE

La région est d'abord peuplée par les Ligures, peuplade protohistorique présente avant l'arrivée des Grecs et des Romains dans le sud-est de la France et le nord-ouest de l'Italie. N'ayant pas laissé de traces écrites, ils ne sont guère connus que par l'intermédiaire des auteurs romains et grecs comme Strabon.

Alors que les peuples gaulois poussent vers le sud, les Voconces conquièrent au IVème siècle avec JC un territoire compris entre le Vercors et Ventoux, Manosque et Embrun. Cette tribu a pour capitales Vasio (Vaison la Romaine) et Lucus Augusti (Luc en Diois) et forment avec les Avantiques établis autour Gap et les Sogiontes établis autour de Sisteron une confédération. L'époque n'est pas aux villes structurées que les Romains développent mais à une multitude de villages implantés le long des vallées.

Avant de se heurter aux Romains, les Voconces voient Hannibal au cœur de leur territoire, lors de sa fameuse traversée des Alpes pour aller combattre Rome avec ses éléphants. Certaines analyses contradictoires des textes anciens font en effet passer son itinéraire par Rosans et Serres, à quelques kilomètres de Saléon, où il se heurte aux les Tricoriens, qui habitent la vallée du Buëch et doivent leur nom d'après Strabon aux 3 tresses de leur coiffure particulière.

En 125 av. J.-C., M. Fulvius Flaccus mène une dure campagne contre les Ligures, les Salyens et les Voconces. Ces peuples résistent bien, puisque les légions romaines reviennent plusieurs années de suite avant de vaincre ces peuples : c'est finalement le successeur de Flaccus, C. Sextius Calvinus qui triomphe de ces peuples en 122 av. J.-C.6.

Les Romains restent cependant à l'écart des Alpes, se contentant de contrôler la côte, jusqu'à ce que la conquête de la région ne soit réalisée par Octave Auguste. César s'était en effet contenté de traverser les Alpes pour aller conquérir la Gaule. De la période gallo-romaine, nous savons peu de choses, en dehors de vestiges dans les grandes localités, peu de fouilles ont permis de mettre en avant les restes de cette époque. Le village de Saléon, dont tout au plus on sait qu'il laisse des traces par les tuiles, qui proviendraient déjà de son territoire, du lieu-dit 'La Tuilière' selon des auteurs du XIXème siècle. Un cimetière gallo-romain fut aussi mis à jour dans les années 1950 au même endroit, lors d'une construction d'une maison.

Un talisman gnostique trouvé par Paul Plat à Saléon montre que le site restait bien sûr occupé et un lieu de passage. Il est décrit dans le bulletin de la société Archéologique des Hautes Alpes comme représentant un génie à tête de coq sur une face et la déesse Hécate, aux trois têtes, adorée en particulier aux carrefours.

Avec le déclin de l'Empire Romain s'ouvre une longue période sombre pour une région frontière. Les invasions se succèdent, des wisigoths aux sarrazins, la peste touche la région. La longue et sombre période du Haut Moyen-Age livre peu d'informations, et aucune sur Saléon.

MOYEN-AGE :
SALEON ENTRE DANS L'HISTOIRE

C'est après l'an mil, alors que les Capétiens règnent sur la France, que Saléon entre réellement dans l'histoire. Grâce aux compilations de documents et actes réalisées par divers érudits, grâce aux actes notariaux et capitulaires, on peut suivre çà et là l'histoire du village. Cette histoire n'est pas encore celle de la France, elle est d'abord celle de la région des Baronnies, et de la puissante famille des barons de Mévouillon, qui reste difficile à décrypter, en particulier pour les branches cadettes.

Pouillé, prieuré, dimes et cens : la marque de l'Eglise

Comme pour beaucoup de lieux, l'histoire de Saléon est d'abord celle des biens ecclésiastiques qui seront attribués, repris, alloués, partagés, pour les revenus tirés des paroisses et terroirs.

La première mention de Saléon, reprise dans le Registre Dauphinois du chanoine Chevalier et dans le Tableau Historique du Dauphiné de J. Roman, remonte à la fin du XIème siècle.

Dans un acte daté entre 1088 et 1092, Isoard, évêque de Gap fait don à la congrégation de Notre Dame d'Avignon et à son prévôt Rostaing, de l'église de Celedone (Saléon) à laquelle est associé le cens perçu à Caba Noxa (Chabanon, identifié comme le prieuré situé au hameau de la Tuilière). Gageons que cette donation devait servir à financer les travaux de la nouvelle cathédrale d'Avignon.

Il semble que, dans les siècles qui suivent, les lieux de culte de Saléon dépendent du Prieuré de Lagrand, lui-même plus tard rattaché à l'ordre des Hospitaliers. Ainsi lorsqu'au milieu du XIIIème siècle, Lagrand se sépare de ses possessions en Provence, Saint Sauveur de Saléon figure parmi ses biens dans la région.

Au début du XIVème siècle, les documents nous livrent les noms d'ecclésiastiques qui se voient attribuer la cure de Celeone (Saléon) en plein épisode des Papes d'Avignon.

Ainsi, en février 1319, Raymond de Cordolis, chanoine d'Avignon, reçoit la collation de Saléon. Puis en octobre de la même année, le pape Jean XXII la remet à Bertrand Rostagni Andrani, de l'ordre de Saint Augustin. En 1324, on apprend qu'un certain Pierre Trentelivres en laissera le bénéfice à Guillaume Lance, qui lui-même l'abandonnera selon un acte du 25 janvier 1328.

On trouve encore un Lantelme de Bonne, prieur, en 1490.

Les « Pouillés », états des biens de l'Eglise dans un diocèse nous livrent, plus tardivement, en 1516 puis 1789 d'autres informations sur la paroisse.

Caba Nox, Chabanon, à La Tuilière, est ainsi devenu au fil du temps Saint Sauveur puis est appelé prieuré de Saint Félix à partir du XVIIIème siècle. Ses revenus restent longtemps attachés à la sacristie de Lagrand.

Pour l'église de Saléon, qui semble avoir possédé en 1516 deux chapelles dont une sous le vocable de Sainte Catherine, le Père Sacristain de Lagrand en abandonne les revenus à son curé de 1551.

Au cours des Guerres de Religion, particulièrement dures dans la région, l'église sera ruinée. Toujours en ruine lors d'une visite pastorale de l'évêque en 1600, l'église en 1687 n'était pas encore entièrement relevée. Entre temps la chapelle St Marc servit d'église paroissiale et une autre église, celle qu'on connait aujourd'hui, fut consacrée.

En 1722, le curé de Saléon se voit réduit à la portion congrue, Lagrand reprenant ses revenus de la cure pour quelques temps. A la veille de la Révolution, dans le Pouillé du diocèse de Gap rédigé entre 1784 et 1789, l'église de Saléon est mentionnée sous le vocable de Saint Laurent et les habitants de Saléon ne paient plus à Lagrand qu'un cens de 800 tuiles.

Ainsi au fil des inventaires, des reprises, des actes, les lieux de cultes de Saléon ont ainsi revêtu divers noms et l'ancienne église ayant été entièrement détruite, il est difficile parfois de faire les liens :

- Eglise de Saléon (1088) – vocable de Saint Laurent en 1789 puis de Saint Antoine
- Prieuré de Saint Félix, à la Tuilière, auparavant Chabanon puis Saint-Sauveur (dès 1088)
- Chapelle du Seigneur, dans l'église de Saléon (1516)
- Chapelle de Sainte Catherine, dans l'église de Saléon (1516)
- Chapelle Notre Dame (1708)
- Chapelle Saint Marc (restaurée par Claude Aigon, dans le village, ancienne chapelle castrale).

Baronnies, Dauphiné, de l'Empire à la France

Saléon avait aussi des seigneurs temporels et il est impossible de ne pas situer l'histoire de Saléon dans les grandes lignes de celle de cette région, à la frontière entre les Baronnies et l'évêché de Gap, entre le Royaume de Provence et le Dauphiné.

Les barons de Mévouillon et de Montauban, dont les origines se perdent dans la noblesse de Provence, se taillent un fief dès le XIème siècle entre Rhône et Buëch, Diois et Mont Ventoux. Dans cette région qui relève du Saint Empire Romain Germanique, les barons de Mévouillon obtiennent une certaine indépendance et dès 1177 relèvent directement de l'Empereur.

Le lignage des Mévouillon est difficile à suivre car nombre des hommes de la famille sont appelés Raymond, beaucoup de femmes portent le prénom de Galburge.

Du XIème au XIVème les Baronnies vivent au rythme des royaumes qui les entourent, des croisades notamment celles des Albigeois et de l'histoire houleuse de la famille Mévouillon.

En 1317 le dernier des barons, Raymond VII, fait don de sa seigneurie au Dauphin, seigneur de la région du même nom, auquel les Mévouillon prêtaient hommage depuis 1203 pour au moins certaines de leurs terres. Les Baronnies rejoindront le royaume de France lorsque la Couronne prendra possession du Dauphiné en 1349 par le Traité de Romans.

C'est dans cette histoire mouvementé, aux confins des nations qui se construisent qu'on trouve la trace de Saléon.

Saléon, fief des Mévouillon

Les mentions de Saléon comme fiefs de seigneurs portant le nom des Mévouillon sont concentrées sur la seconde moitié du XIIIème siècle et la première moitié du XIVème siècle.

Le village semble avoir alors été un fief de la branche cadette des Lachau-Mévouillon et avoir été transmis au gré de l'histoire fluctuante de cette famille dont la généalogie reste incertaine malgré les travaux de plusieurs chercheurs.

En 1248, la première mention « profane » de Saléon se trouve dans le testament de Bertrand, seigneur de Mison qui lègue son patrimoine – dont Saléon - à ses deux filles, Galburge et Béatrix. Bertrand descend des seigneurs de Mison qui semblent utiliser le nom des Mévouillon depuis le mariage d'un ancêtre avec une Béatrix de Mévouillon au XIIème siècle. Rien qui ne facilite le travail de compréhension de cette généalogie, compliquée et croisée qui amène parfois le pape à accorder des dispenses pour des mariages entre cousins.

Dame Galburge de Mison-Mévouillon.

Galburge de Mison-Mévouillon, Galburge de Meuillon, Galburge de Serres, Galburge de Mévouillon… A travers ces différents noms, on retrouve entre le XIIIème et le XIVème siècle un personnage qui a laissé de Saléon le plus de trace au Moyen-Age à travers divers actes et faits d'armes qui nous sont notamment rapportés par le *Regestre Dauphinois* du Chanoine Chevalier, inventaire des actes et documents antérieurs à 1349.

Née vers 1230, d'abord mariée dans son enfance à Guillaume des Baux, prince d'Orange, Galburge de Mison épouse Raimbaud (ou Reybaud) de Mévouillon en 1270. Ce dernier est le petit-fils de Raimbaud I de Lachau, issu d'une branche cadette des barons de Mévouillon. Saléon rejoint ainsi les fiefs tenus par les Lachau-Mévouillon.

En 1270, Galburge prête hommage au Dauphin pour les nombreuses terres dont elle a hérité de son père dont Saléon, Laborel, Etoile, Sainte Colombe, Orpierre, Lagrand, Antonaves, Chateauneuf de Chabre, Montéglin, Arzeliers. Cet hommage est renouvelé en 1283 et 1289 par procuration.

Cependant dès le début du XIVème siècle (Galburge aurait alors 70 ans !), Raymond de Mévouillon conteste les droits de Galburge et un arbitrage a lieu en 1303 attribuant à celui-ci diverses seigneuries dont Saléon. Il s'agit probablement de Raymon VI, baron de Mévouillon, qui cédera au Dauphin ses terres en 1317.

En 1306 Raimbaud (ou Reybauld) de Lachau, époux de Galburge retrouvera la suzeraineté de diverses terres dont Saléon. C'est peu après que les textes nous livrent la dernière trace de Galburge, en 1308.

Toute la vie de Dame Galburge semble avoir été épicée d'épisodes mouvementés. Outre les arbitrages recherchés avec Raimond de Mévouillon, dès 1259, Galburge aurait été ainsi dépossédée de Serres par Charles d'Anjou et elle chercha l'appui du Dauphin pour récupérer sa ville, qui promit de la lui restituer à condition qu'il lui choisisse un époux parmi ses vassaux.

Saléon est encore associé à un épisode sanglant de l'histoire de Galburge de Mévouillon en juin 1302, celui du sac de Eygalayes par 500 hommes en provenance de Ballons, Izon, Barret, Salérans, Laborel, Etoile, Orpierre, Saléon, Arzeliers, Montéglin, Aiguians, Lachau. Cette forte troupe de fantassins et cavaliers, avec des machines de sièges, vint mettre le siège devant Gaudissard (château d'Eygalayes) pour le détruire, pillant le village, profanant l'église et maltraitant les habitants.

Ce fait d'arme dans une Provence pourtant alors en paix donna lieu à un procès et à des amendes pour les principaux auteurs. Diverses raisons furent alors avancées sur l'origine d'un conflit mais devant la mobilisation, le rôle de Galburge de Mévouillon comme instigatrice de cette équipée est certain. Jamais telle mobilisation n'aurait été possible sans que le seigneur des lieux ne la commande. Sans doute les habitants d'Eygalayes avaient-ils causé un tort quelconque à Galburge qui ne fut cependant pas inquiétée.

Mariée à un prince d'Orange, puis à un Mévouillon, Galburge est incontestablement le personnage le plus marquant de l'histoire de Saléon. Outre sa longévité exceptionnelle (née vers 1230, elle meurt aux alentours de 1308), son sceau ci-contre illustre le personnage hors du commun qu'elle fut, en la représentant à cheval, en armure, fait rarissime pour une femme comme le souligne Roman dans ses traités de sigillographie

Descendants de Galburge

En 1317, le suzerain des seigneurs de Saléon, le baron Raimond VI de Mévouillon cède l'ensemble de ses terres au Dauphin. En 1329 c'est donc au Dauphin que Raymbaud de Mévouillon, veuf de Galburge, prête hommage pour des terres dont Saléon.

Ses possessions passent ensuite à son fils Guillaume qui prête hommage dès 1334. La suite de l'histoire des seigneurs de Saléon est moins claire et repose sur des preuves indirectes ou des déductions. Guillaume aurait eu 3 fils : Guillaume de Mévouillon-Lachau, seigneur de Barret, qui apparait, poursuivi dans un procès en 1338 pour des crimes n'ayant rien à envier à Gilles de Rais ; Raymbaud, sacristain d'Aix ; Pierre Reygnier, qui est désigné comme tuteur de son neveu Louis, fils de Guillaume en 1350.

Ledit Pierre devient seigneur de Saléon en 1360 sous le nom de Pierre de Mévouillon, héritant de Raymbaud son frère et Louis son neveu ! Pierre aurait-il éliminé son neveu, fils de Guillaume, pour régler des questions d'héritage qui déchirait la région depuis un demi-siècle ? En 1375 son fils, Baudon prête hommage pour Arzeliers, Saléon, Eyguians, Montéglin et Saint Colombe…

Être passé sous la suzeraineté du Dauphin n'empêchera pas Saléon d'être attaqué et mis à sac au XIVème siècle par des bandes de mercenaires rayonnant au départ d'Upaix.

Pierre d'Armand, seigneur de Saléon au début du XVème siècle, est un descendant de Galburge, petit-fils de Pierre Reygnier ou de Guillaume, seigneur de Barret. Avec le mariage de Béatrice, sa sœur, avec Jean de Grolée, le village de Saléon passe à cette famille qui s'appelle désormais Grolée-Mévouillon.

SEIGNEURS DE SALEON JUSQU'A LA REVOLUTION

Les Mévouillon qui règnent sur Saléon depuis plus de trois siècles vendent le village au début du XVIème. Jusqu'à la Révolution, Saléon change de seigneur à maintes reprises, vendu puis racheté, donné en dot puis cédé par un époux... La trace de ces seigneurs nous est restée et voici leur succession.

Achard et Armand (XVIème et XVIIème siècle)

1534-1555   Antoine Achard acquit d'Antoine II de Grolée-Mévouillon le village pour 1,000 écus d'or le 14 avril 1534

1555-1580   François Achard

1580-1587   Victor Achard, frère du précédent

1587-1602   Robert David Achard

1602-1606   Daniel d'Armand : il achète Saléon à Robert-David Achard le 9 mars 1602 pour 1900 écus. Quatre ans après, le 17 octobre 1606, il revendra le village avec droit de rachat pour 10680 livres. Daniel d'Armand est un descendant en ligne directe de Dame Galburge, par Pierre d'Armand, son arrière-arrière-grand-père. Il est baron de Lus, seigneur de Vors et Saléon.

1606-v1626   Jean Francou, seigneur des Herbeys

v1626–1640   Marguerite d'Armand : la fille de Daniel d'Armand use du droit de rachat ; son mari Florent de Renard revendra le village à François d'Yse, lui-même époux d'une cousine de Marguerite.

De la famille d'Yse à la Révolution

1640-1660   François d'Yse, conseiller au parlement du Dauphiné, seigneur de Rosans et Châteauneuf de Mazenc, fils de Jean-Antoine d'Yse, fidèle lieutenant de Lesdiguières.

1660-1694   Jacques d'Yse, qui abjure la foi protestante vers 1686 – seigneur de Rosans, conseiller au parlement du Dauphiné, vibailli du Gapençais

1694-1740   François d'Yse, seigneur de Rosans

1740-1750   Honoré-Henri de Piolenc-Thoury, beau-frère du précédent qui reçoit Saléon comme dot par son mariage avec Françoise d'Armand.

1750-1779   Marie-Françoise de Sassenage, marquise qui aurait inspiré Choderlos de Laclos, qui acquiert le village.

1779-1789   Ses filles, Mesdames de Bruc et de Talaru

Retenons aussi un membre illustre de la famille d'Yse, Jean, fils de Jacques, qui portera le titre de Saléon. Jean d'Yse de Saléon, entré dans les ordres, sera évêque de Rodez, puis archevêque de Vienne. Il est connu pour son combat acharné contre les jansénistes dans les diocèses dont il eut la charge. Ses diatribes contre les hérétiques seront publiées et il intentera nombre de procès contre les ennemis de la Foi.

LE BUËCH, FRONTIERE NOURRICIERE

A Saléon, le Buëch est plus qu'une partie du paysage. Il façonne le paysage. Il façonne la vie des hommes aussi depuis très longtemps.

Le Buëch est d'abord une frontière, une frontière qui sépare les territoires et qui sépare les hommes. Limite fluctuante entre les Baronnies et l'évêché de Gap, il sera longtemps difficile à franchir, torrent impétueux, au lit changeant tous les ans. La nature même de la rivière rendra longtemps difficile la construction de ponts en l'absence d'assises rocheuses ou d'étranglement comme à Serres.

Le Buëch se traversait à Saléon par un bac, dont les mentions se retrouvent à diverses occasions depuis des temps lointains. En effet ce bac était un point de passage obligé, un point de blocage parfois.

Ainsi dès 1632 il est question de bétail séquestré à la Barque de Saléon, dans le cadre d'un différent à propos de dettes dans lequel le procureur du roi devra intervenir. La Barque devient un point où les ordres attendent les députés, en route pour les assemblées provinciales à la veille de la Révolution, leur enjoignant de ne pas se regrouper.

Puis, pendant la Révolution, l'épisode des cloches fait sourire. Les révolutionnaires en privent les églises. Un dénommé Félix, de Saléon, se voit remettre divers biens spoliés, dont la cloche de l'église de Trescléoux. Las, la cloche reste bloquée à la Barque, pour des raisons obscures et ne retrouvera son clocher qu'à l'issue de la période révolutionnaire.

En l'An III (1795) un détachement des Gardes Nationales sera cantonné à la Barque, afin d'arrêter les déserteurs de l'Armée d'Italie, illustrant bien le point de passage que constituait la rivière.

Au XIXème siècle les ordonnances royales fixent encore les tarifs de passage aux bacs de Saléon et Ribiers sur le Buëch. On apprend ainsi qu'une paire d'oies ou de dindons coûtait à son gardien le prix d'un mouton se rendant au pâturage et qu'un voyageur avec une simple valise s'acquittait de 10 centimes mais qu'un fonctionnaire ne payait pas. Une fois le soleil couché, le batelier n'était tenu à fournir le passage qu'aux juges, officiers de police ou maires !

La construction des ponts entre Eyguians et Lagrand fera disparaitre cette traversée de la rivière à Saléon.

Le canal de Saléon

Mais à la même époque émerge la prise de conscience que le Buëch pouvait être utilisé pour bonifier les terres le bordant. Dès 1784 dans un *Mémoire sur l'état de la subdélégation de Gap*, un certain Pierre-Joseph-Marie Delafont engageait à ce que des travaux soient réalisés pour rendre meilleures les terres jouxtant le Buëch en aval de Serres. En mars 1789, dans la préparation des Etats Généraux, le bénéfice d'un tel canal d'irrigation était repris dans le *recueil des réponses des communautés de l'électorat de Gap*, recensé par l'Abbé Guillaume

Alors que le projet est déjà considéré comme « ancien » en 1844, il faut attendre 1852 pour qu'une association syndicale soit créée, regroupant les habitants de Lagrand, Trescléoux et Saléon, pour la construction d'un canal d'arrosage, déclaré d'utilité publique. D'un coût total à l'époque de 40 000 francs, il arrosait 96 hectares pour 7 437 mètres de long. Les travaux seront terminés en 1857.

De ce canal nous voyons encore l'aqueduc sur le Céans, dont la pleine propriété a été cédée à la mairie de Lagrand par celle de Saléon il y a quelques décennies, et le chenal encore bien visible à flanc de colline, sous les pins, sur le côteau nord de la moraine de Saléon.

Le Buëch, dernière rivière sauvage des Alpes dans les années 1980, a depuis été barré par la retenue de Saint-Sauveur pour les besoins du canal de la Durance.

LE XIXème SIECLE,
ENTRE INDUSTRIE ET FAITS DIVERS

Le XIXème siècle est à Saléon, comme dans de nombreux villages de France, un tournant inexorable. L'exode rural se marque avec la fin des « industries » locales et l'essor industrieux ne se fait pas sans dégâts mais aussi foisonnement d'idées. L'impression, la presse, les mémoires et ouvrages divers d'honnêtes hommes nous donnent une foule d'informations sur cette période.

La population de Saléon connait une baisse énorme au cours du XIXème siècle. De plus de 320 personnes recensées en 1790, elle chute inexorablement pour n'être plus que de 110 habitants dans les premières années du XXème siècle.

L'exploitation de carrières mentionnée par Ladoucette comme ayant prétendument servi à la ville romaine de la Batie-Montsaléon fait écho à la mention en 1664 d'une ardoisière dans une « Chorographie de Provence » du sieur Honoré Bouche qui mentionne que l'ardoise extraite à Saléon est d'une telle qualité qu'elle peut être utilisée comme marbre noir.

Depuis l'Antiquité une activité de fabrique de tuiles était installée au lieu-dit de la Tuilière, antérieurement Chabanon. L'historien de la région, Roman, place l'origine de ces fabriques dans des temps immémoriaux et rapporte en avoir trouvé mention dans les registres notariaux du XVIème siècle. La mention de la fourniture de tuiles de Saléon pour la réparation d'églises voisines, comme à Trescléoux se retrouve, comme des mentions de taxes sous forme de tuiles. Deux fabriques sont installées à Saléon, identifiées par Roman dans une enquête de 1789, qui fournissaient les tuiles à Trescléoux, Chanousse, Savournon, Eyguians, Lagrand, Laragne, Chateaneuf de Chabre, Pomet, Antonaves…

L'ouverture de la ligne de chemin de fer et l'installation à Eyguians d'une tuilerie industrielle eurent raison de ces entreprises préindustrielles. Leur fermeture eut assurément un impact important sur la commune qui dès lors se tourna quasi exclusivement vers l'agriculture.

On sait qu'à la fin du XIXème siècle la commune produisait des prunes, des pommes et poires à couteaux comme dans tout le département, ainsi que des amandes, plus de 100 quintaux annuels de chaque production.

Les efforts d'industries sont parfois des plus surprenants. Ainsi les descendants des Flotte, seigneurs du Dauphiné, se trouvent associés dans une entreprise minière qui obtint une concession sur la commune à la recherche de cuivre, fer, plomb sur 3 km². La concession ne sera pas exploitée.

Ce siècle est aussi celui des études, des rapports, des projets. Chaque homme éduqué veut apporter sa contribution, les notables se font géologues, historiens ou archéologues. L'ancien préfet JCF Ladoucette est ainsi auteur de divers ouvrages qui livrent de précieuses informations sur la région, parfois à prendre avec quelques précautions. On trouve aussi la trace des demandes récurrentes de soutien pour l'entretien ou les réparations de l'église du village, des traces liées à l'éducation des enfants dont l'école se situait dans une pièce d'une des maisons du village servant de presbytère.

La presse nous rapporte aussi la petite histoire comme cette affaire de meurtre sordide publiée dans le *'Petit Africain'* du 15 août 1895 : Joseph Bessier, fermier de 30 ans, assassinat à coup de pioche lors d'une querelle ses deux tantes de 65 et 70 ans, les demoiselles Quenin à Saléon, pour ne plus leur verser la pension qu'il leur devait en échange d'une propriété qu'elles lui avaient cédée. Condamné aux travaux forcés, il mourut quelques années après à Cayenne.

LA SOURCE SALEE, ELEMENTS HISTORIQUES

La source salée de Saléon reste aujourd'hui l'objet de bien des conversations entre les habitants du village. On se souvient plus ou moins de sa localisation, on réfute le fait qu'elle ait été à l'origine du nom du village. Quelques recherches facilitées par les outils modernes permettent de retrouver de nombreuses références bibliographiques historiques concernant la source. Elles ne laissent aucun doute, la source salée de Saléon a bien existé et son utilisation par les populations locales remonte à des temps immémoriaux.

La source salée est d'ailleurs bien clairement mentionnée sur la carte de Cassini, dressée dans la seconde moitié du XVIIIème siècle, où elle figure assez haut sur le coteau, en dessous du village et en amont du lieu-dit de Jean de Paris.

Contourner la gabelle

La teneur en sel notable de l'eau de cette source permettait en effet aux habitants du village et des alentours d'échapper à la gabelle, impôt sur le sel de l'Ancien Régime, qui pesait lourdement sur la population. Le Dauphiné et la Provence étaient des pays de petite gabelle dans lesquels l'impôt était collecté à la source, sur le prix du sel vendu dans des greniers, mais où les habitants n'étaient pas soumis à une obligation de quantité d'achat.

Cet impôt, aboli à la Révolution, sera rétabli sous le Premier Empire en 1806 et persistera jusqu'à la Seconde République.

Rappelons que les contrevenants et les contrebandiers s'exposaient à de lourdes amendes et, à défaut de pouvoir les payer, au fouet et à la flétrissure – marquage de la peau au fer rouge. Les récidivistes étaient eux condamnés à ramer sur les galères du roi !

C'est dès le XVIIème qu'on trouve une mention de Saléon et de la source salée à ce sujet, dans des textes législatifs relatifs à la gabelle. Dans l'article XXII de l'Edit de 1664 qui régit les règles de la gabelle en Provence, Saléon est en effet citée comme l'un de ses terroirs dont les seigneurs doivent s'assurer que leurs ouailles n'utilisent pas l'eau salée ou le sel tiré des sources et marais pour échapper à la gabelle. S'ils le faisaient, ils seraient considérés comme « faux sauniers » et s'exposeraient aux punitions évoquées.

L'utilisation de la source

L'utilisation que les Saléonais avaient de la source était liée selon toute vraisemblance à la vie de tous les jours à la campagne. Faire cuire les soupes, préparer le pain avec cette eau permettait de les saler sans devoir acheter le sel nécessaire. La faire boire aux bêtes offrait aussi un apport en minéraux indispensables au bétail dans ces vallées montagnardes, comme l'évoque en 1848 le préfet Ladoucette, auteur d'un ouvrage sur le département des Hautes Alpes, dans la tradition des érudits du XIX siècle. Il témoigne d'ailleurs que les habitants de Lagrand profitaient également de cette « niche fiscale ».

Bien que citée à travers le XIXème siècle dans divers ouvrages de stratigraphie, des revues de médecine ou même des livres de géographie pour collégiens, l'utilisation de la source à des fins médicinales n'est attestée que par un texte de 1874 qui rapporte que les habitants des pays voisins la boivent pour se soigner « de manifestations lymphatiques exagérées et même de scrofules ».

La source est d'ailleurs décrite assez précisément, mesurée, sa teneur en divers minéraux analysée. Son eau était abondante, jaillissant à 17°C. Avec 3,7 g de sels, c'est une source relativement salée, ce qui explique sûrement son attrait local. De type chlorosulfatée, semblable aux eaux d'Uriage ou de Gréoux Les Bains, les géologues pensent alors qu'elle doit son existence à certains dépôts de gypse alpins remontant l'époque du trias.

La perte de la source

Comment expliquer que cette source n'ait aujourd'hui plus d'autre existence que celle des souvenirs et des vieux livres ? Ce souvenir est bien vivace cependant puisque sa localisation probable reste dans l'esprit des anciens du village, corroborant la carte de Cassini et les mentions de Ladoucette.

Dès 1664, l'Edit sur la gabelle imposait la destruction des sources et fontaine salées qui étaient utilisées. La promulgation d'une nouvelle loi en 1840 et l'action rigoureuse qui s'en suivit de la Régie pour le recouvrement de l'impôt sur le sel seraient-elles à l'origine de la disparition de la source ? Aurait-elle été comblée pour éviter que l'impôt ne soit contourné ?

Cela ne semble pas le cas puisque dans un ouvrage médical de 1860 la source est décrite comme coulant en abondance. Quelques années plus tard, en 1874, elle est à nouveau mentionnée. Si elle a toujours un débit considérable, elle est décrite comme n'étant pas captée et se mélangeant à des eaux douces.

Gageons que la source salée de notre village, privée de son intérêt fiscal depuis l'abolition de la gabelle sous la Seconde République, n'a plus été entretenue. Inutilisée elle s'est ensuite perdue au fur et à mesure.

Elle coulait pourtant toujours dans les années 1930, puisque des anciens du village rapportent qu'elle perçait au pied d'un édicule. La retrouverons-nous ?

Carte de Cassini : Saléon et la « fontaine salée », XVIIIème siècle

LA SOURCE SALEE, ORIGINE DU NOM DU VILLAGE ?

Cité dans divers ouvrages pour son lien avec cette source salée, le village de Saléon lui a parfois vu attribuer l'étymologie de son toponyme, ce qui est cependant incertain. Ainsi le préfet Ladoucette dans son ouvrage sur les Hautes-Alpes l'affirme sans démonstration, se basant sur l'analogie linguistique.

Les sources les plus anciennes qui mentionnent Saléon évoquent pourtant d'autres formes pour le nom du village : Celedone au XIème siècle, Sceleone, Celeonum, Celeone, Celeono, Seleonum, Celeo ou Celleo au cours des siècles qui suivent. Rien qui ne rappelle *sal*, *salis*, signifiant sel en latin et qui confirmerait l'hypothèse.

Le Dictionnaire Géographique et Administratif de la France de Joanne récuse d'ailleurs cette idée et propose en 1905 une origine gauloise ou gallo-romaine, toujours sans la fonder.

Il a été avancé une possible racine préceltique *kal/ (k)ar*, signifiant rocher, relief. La topographie du village avec le rocher percé justifierait bien cette hypothèse.

La première mention de Celedone rappelle aussi fortement la Calédonie et l'étymologie gauloise *kaled*, dur ou vaillant, ainsi que le suffixe *–one* présent dans le nom de nombreuses peuplades celtes.

Mais ces racines ont une prononciation dure, en [k]. Or en latin médiéval le C devant un E se prononce [ts]. Cela pourrait ouvrir une autre piste à travers la racine gauloise *Ocel-/Ocelo-* signifiant promontoire, sommet, pointe, que l'on retrouve dans Ocelodorum, ancien nom de Zamora ou dans le nom des Graiocèles, peuple gaulois de la région du Mont-Cenis. A nouveau le lien avec l'emplacement du village à la pointe de la colline morainique qui barre la vallée fait le lien.

Après Syleonum en 1386, le nom apparait comme Saleonu. Il faut attendre le XVIème siècle pour trouver en 1516 la première mention du village sous le nom précis de Saléon qui sera ensuite conservé sous cette forme.

Alors que se développent l'écrit, les livres, que la langue française prend le pas sur le latin avec la Renaissance, on peut envisager que, sur une racine préceltique dont la prononciation et la retranscription évoluèrent tout au long du Moyen-Age, la présence de la source salée ait finalement influencé la fixation du nom.

LE BLASON DU VILLAGE

De gueules à la fasce échiquetée de sinople et d'argent, de deux traits, accompagnée en chef d'un croissant d'or.

Ainsi se décrivent les armes de Saléon en termes d'héraldique. Traduisons : l'écu est à fond rouge, traversé par deux bandes de carreaux blancs et vert, et porte en haut un croissant doré.

Ces armes seraient anciennes, si on en croit l'armorial des Hautes-Alpes et son étude par le baron Lucien Borel du Bez, héraldiste du début du XXème siècle qui travailla dessus et publia dans le bulletin de la Société des Hautes Alpes. Le conseil municipal de Saléon les adopta officiellement en 1968.

On cherche cependant vainement une trace ancienne ou une origine à ses armoiries dans les documents et il faut extrapoler, comparer pour chercher à expliquer leur histoire.

J. Roman, dans son Répertoire archéologique des Hautes Alpes, évoque en 1888 une pierre réemployée dans une maison, portant ces armes sculptées, qu'il date du XIIIème siècle et fait provenir du château détruit. Il les attribue aux Mévouillon qui furent longtemps seigneurs de Saléon. Nulle trace depuis longtemps de cette pierre, déjà évoquée pourtant par Ladoucette dans son ouvrage sur les Hautes-Alpes en 1848.

Alors que les armes de la ville de Serres découlent directement de celle des Mévouillon, l'origine du blason de Saléon est plus complexe à établir. Il ne correspond directement ni aux armes des

Mévouillon, ni à celles des Mévouillon-Lachau ou Grolée-Mévouillon.

A force de recherches et de comparaison, des éléments permettent cependant de rattacher avec une bonne certitude le blason de Saléon aux armes de certains Mévouillon (ou Mévoulhon, Meuillon)

On trouve dans certains armoriaux et études un blason décrit de « de gueules à la fasce échiquetée d'argent et de sable », soit rouge traversé par des carreaux noirs et blancs. Il est donné notamment comme celui de Béatrice de Mévouillon, épouse Alleman, descendante de Galburge vivant au début du XVème siècle, et à l'origine de la branche Grolée-Mévouillon par son remariage avec Jean de Grolée.

Les armes d'une autre famille du Dauphiné se rapprochent fortement du blason de notre commune, celles des Armand de Chateauvieux, décrites par l'héraldiste Riepstad en 1828 : de gueules à la fasce échiquetée d'argent et de sable de trois tires, accompagnée en chef d'un croissant d'or et en pal d'un bœuf paissant de même. Soit rouge, avec une bande de carreaux blancs et noirs, orné d'un croissant et d'un bœuf dorés.

Les similitudes avec le blason de Saléon sont flagrantes. Or l'ancêtre des Armand de Châteauvieux est Pierre d'Armand, époux de Jeanne d'Agoult, frère de Béatrice Alleman, donné comme seigneur de Saléon au début du XVème siècle. Il serait l'arrière-arrière-petit-fils de Galburge de Mévouillon. Daniel d'Armand, son propre arrière-arrière-petit-fils, issu de la branche ainée, baron de Lus la Croix Haute, racheta Saléon en 1602.

La question du croissant mérite qu'on s'y arrête. Il ne saurait être question de l'attribuer aux Sarrazins comme le fait Ladoucette. Ils ont été chassés de la région depuis des siècles quand les armoiries se généralisent. D'autre part les croisés faisaient figurer une croix sur leurs blasons.

Claude Aigon nous fournit la piste en indiquant un Mévouillon membre de l'Ordre du Croissant. En examinant l'armorial de cet ordre de chevalerie fondée par René d'Anjou en 1447, on y trouve un Pierre de Mévolhon (ou Mévouillon) dont les armes reproduites ici sont très proches de celles de Béatrice Alleman. Seigneur de Ribiers, chambellan et grand écuyer de René d'Anjou, Pierre de Mévouillon pourrait descendre de Galburge par la lignée des Guillaume. On peut imaginer que le croissant ait été ajouté pour marquer son appartenance à un ordre de chevalerie, reconnaissance prestigieuse

Blason de la dame à l'origine des Grolée-Mévouillon dont on sait qu'ils seront seigneurs de Saléon, blason d'une famille ayant pour ancêtre Pierre d'Armand, seigneur de Saléon, blason d'un Pierre de Mévouillon, chevalier de l'ordre du Croissant… tant de similitudes nous montrent que l'origine des armes de Saléon se trouve bien dans celle d'une branche cadette des Mévouillon.

Notons pour clore que les armes de Saléon sont considérées comme fautives. Cela signifie qu'elles ne respectent pas le langage très codifié de l'héraldique, dans ce cas la règle de contrariété des couleurs, qui pour les blasons, sont différenciées entre métaux (or = doré, argent = blanc) et émaux (gueules = rouge, azur = bleu, sable = noir, sinople = vert…) et ne doivent pas se juxtaposer métal sur métal ou émail sur émail.

C'est le cas sur le blason de Saléon avec le vert et le rouge, alors que le noir du blason initial constitue un cas de figure admis. Peut-être à une époque où seule subsistait la connaissance du blason par une pierre dénuée de couleur, une erreur de transcription a-t-elle été commise.

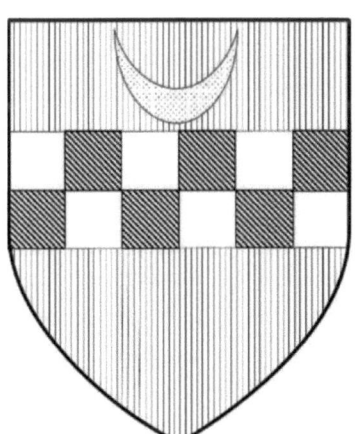

En haut à gauche : Pierre de Mevolhon (Mévouillon), chevalier de l'ordre du croissant

En haut à droit : famille Armand de Chateauvieux, issue de Pierre d'Armand, seigneur de Saléon

A gauche : blason actuel de la commune

SALÉON, 1939 – 1945, SOUVENIRS

Nous avons la chance d'avoir encore des témoignages directs de la période 1939-1944. Les lignes suivantes reprennent les souvenirs de Jeannine Garoscio, épouse Aigon, âgée alors de 10 ans, recueillis par son fils Claude. Laissons-lui la parole.

« En ce début septembre 1939, nous étions réunis chez Sylvain Allemand, secrétaire de mairie et ancien gendarme et qui avait la radio, pour entendre l'annonce de la déclaration de guerre. Les postes de radio étaient encore rares dans les campagnes, et tout le monde écoutait gravement. Aimé Reynaud, qui avait connu l'enfer des tranchées en 14-18, dit alors d'une voix catastrophée : « Non ! Dites-leur qu'il ne faut pas … Si je parle là-dedans, on m'entendra ? » Hélas !

Les mobilisés de la première heure reviendront après la débâcle. Un des fils Jouve, pris dans la poche de Dunkerque, mettra beaucoup plus de temps. Les plus jeunes partiraient plus tard aux Chantiers de Jeunesse, que certains déserteront pour rejoindre le maquis.

Après la signature du pacte Germano-Soviétique, le Parti Communiste était interdit. A la ferme Faucon, à la Rourie, étaient venus se mettre temporairement à l'abri deux personnalités du Parti Communiste de Marseille, Lucien et Simone Eynard. Ils seraient arrêtés quelques mois plus tard, ayant quitté Saléon.

Puis, quelques mois plus tard, ce fut la débâcle. Un jour un groupe de soldats arriva au village, vêtus de leurs uniformes dont on avait arraché les boutons, signe qu'ils étaient démobilisés. Ils se sont installés dans notre maison, momentanément inoccupée, mais très correctement, se sont repliés sur la remise du rez-de-chaussée lors de notre retour. Ils sont restés quelques jours à reprendre des forces avant de repartir.

L'idée de la défaite passait mal. Acte de résistance symbolique, certes, mais un de nos voisins avait baptisé son âne du nom de Daladier ; quant à ses cochons, il les appelait Adolf et Benito.

Au fur et à mesure que la guerre avançait, une étrange économie se mettait en place. Lorsqu'on semait, il fallait prévoir la part à donner au Ravitaillement. Ceux qui avaient des terres avaient depuis longtemps l'habitude de vivre largement en autarcie ; les tickets de ravitaillement servaient surtout pour le sucre et le tabac. Les autres offraient divers services en échange d'un peu de victuailles : couture, tricot, bêchage ; on faisait un petit potager, on glanait après les récoltes. On ne chassait pas, les fusils étant soigneusement cachés dans l'attente de jours meilleurs ; mais pour certains il y avait les ressources du braconnage. On a même mangé du renard.

Et puis on a vu venir faire la tournée des fermes des hommes à pied, portant des valises. C'étaient souvent des cheminots de Marseille (ils voyageaient gratuitement) qui offraient d'acheter toutes les denrées qu'on voudrait leur vendre. Comme ils se succédaient, les enchères montaient. D'aucuns se sont fait une jolie pelote avec le marché noir. D'autres, qui avaient des principes, n'entraient pas dans ce jeu. Ainsi Aimé Reynaud, tenu au courant des prix fixés officiellement grâce au journal, acceptait de vendre « au prix de la taxe », sans chercher à faire un profit illicite.

Par ailleurs, il y avait les réquisitions, de la part des occupants certes, mais aussi pour les maquis. Ce n'était pas très apprécié, car ceux-ci payaient avec un bon de réquisition, autant dire avec des promesses. Un tel en avait profité pour leur refiler une barrique de vin piqué. Mal lui en avait pris, car il avait reçu par la suite une visite des chefs du maquis, visite pacifique, mais faite sur un ton peu amène. Il faut dire à ce propos qu'à la Libération, toutes les dettes des maquis ont été honorées.

Ceux qui avaient abusé du marché noir, en revanche, s'en sont trouvés pour leurs frais quand, à la fin de la guerre on a changé les billets ; certes, on pouvait échanger les anciens billets contre des nouveaux, mais il y avait un plafond, assez vite atteint, et c'est ainsi qu'une bonne partie de l'argent mal gagné est restée à moisir dans les greniers.

Plusieurs jeunes de la commune étaient partis au maquis. Ils revenaient parfois nuitamment visiter leurs familles. La pression des Allemands se faisait plus forte. Léon Trinquier était arrêté, sur la foi d'une photo où on le voyait ravitailler le maquis. Emprisonné un temps à Gap, il a été envoyé dans les camps. Pour n'en pas revenir.

Le 15 août 1944, tout le pays était à Trescléoux pour entendre un prêche, quand on entendit un grand bruit : c'étaient les avions américains qui larguaient leurs bombes sur la Scie, au pied de Lagrand.

Un matin, on a vu surgir quelques hommes, frigorifiés après une nuit à bivouaquer sur le plateau. C'étaient des maquisards. Vite, ils installèrent mortier et mitrailleuse en haut du village, pointés sur la route nationale et le carrefour d'Eyguians. Les Allemands refluaient vers le nord, et les maquisards avaient reçu mission de les harceler. Tous les habitants du village évacuèrent en direction des fermes (c'était juste après le massacre d'Oradour) en prévision de la riposte allemande. Seul mon père avait décrété qu'il dormirait dans SA maison, qui pourtant offrait la plus belle des cibles. Les Allemands ayant pris un autre itinéraire, le maquis allait lever le camp, direction Nyons.

Puis ce fut l'arrivée des Alliés. Un jour un char canadien est monté sur le plateau derrière l'église, non sans avoir emporté un pan de mur tant l'entrée du village était étroite. Les Américains avaient installé un camp de repos à la Barque, sur l'autre rive du Buëch. Il y avait aussi des goumiers ; leurs officiers étaient venus nous prévenir de ne pas laisser sortir les filles toutes seules. De fait, parfois quelques-uns sont montés au village. Il n'y a pas eu d'incident.

Pour nous, la guerre était finie. Quelques jeunes des maquis ont suivi l'armée. Tous sont revenus. »

Ont été associés à la Résistance à des titres divers (liste ne prétendant pas à l'exhaustivité ; la discrétion étant la première qualité du résistant, tous ne se sont pas fait connaître) :

- Arnaud Paul
- Daucet Gabriel
- Faucon Hélène
- Humbert Lucien
- Roman Louis
- Trinquier Léon
- Vial Gabriel

BRIBES DE VIES

Les Saléonais il y a un siècle.

Ce sont nos anciens que les pages suivantes vont vous faire découvrir, à travers une sélection de photos des habitants, de leurs vies, de leurs habitats, de la guerre qui les a frappés. Certains y retrouveront leurs ancêtres, d'autres ceux qui avant eux ont habité les murs auxquels ils tiennent tant.

La pellicule a fixé, dès la fin du XIXème siècle et de façon très normée au début du XXème siècle, l'image des gens et des instants sur le papier. Puis elle est allée à la rencontre des gens chez eux.

Familles, tronches incroyables, portraits stéréotypés et instants de joie ou de fierté figés, moments de vie, travaux des champs, villages dans la guerre. Ce sont d'incroyables témoignages de la vie dans notre belle vallée il y a une centaine d'année que vous découvrirez dans les pages suivantes. Ils sont issus du travail de collecte de l'Association Saléon Site Village et Patrimoine à l'occasion de la création d'une photothèque pour l'exposition « Saléon d'une guerre à l'autre » et présentent trois thématiques :

- Familles et habitants
- Activités d'antan
- La seconde Guerre Mondiale

Familles et Habitants

Admirez les bacchantes, les poses faussement nonchalantes, les fiertés des enfants du pays comme ici à gauche, Léon Gondre et à droite Fidèle Roux, facteur à Saléon en 1930.

En haut, enfants de Saléon, devant chez Mascon ; Mascon est le premier patronyme figurant sur les registres paroissiaux de Saléon. En bas, Louis Mascon, pour ses 20 ans, il fut le dernier berger de Saléon.

En haut les conscrits de Saléon et L'Epine, vers 1925 ; en bas, le conseil de révision en 1911 à Orpierre, avec le maire de Saléon de l'époque, Eugène Bertrand (2ème à gauche)

La famille Roman. En haut à gauche, Désiré Roman, en chasseur alpin, vers 1915 ; à droite André Roman et Gabriel Vial, à « Jean de Paris ». En bas, à gauche, la famille Roman à « Jean de Paris », à droite Louis Roman vers 1935

La famille Roman au lieu-dit 'Jean de Paris' vers 1935, avec la grand-mère, Désiré, Berthe, André bébé, Emile, Louis

Chez les Roman à 'Jean de Paris', à droite Paul Arnaud devant Louise Michel, née Mascon, veuve Angles. Les vélos sont à l'honneur.

A gauche, un personnage de l'Histoire locale, Léon Trinquier, ici en 1935 avec Pauline Silve, Rosa et Sylvain Allemand. Léon Trinquier fut maire du village et pendant la Second Guerre Mondiale trésorier du maquis Morvan. Arrêté, il fut déporté et mourut au camp de Mathausen en 1945. En bas Emile Vial.

La famille Arnaud. En haut à gauche, Léa Arnaud vers 1920 ; à droite Camille et Laurence Arnaud, vers 1910. En bas à gauche, Gustave qui fut maire de Saléon et Léa, vers 1920 ; à droite Paul Arnaud et Roger Faucon en 1940, ils furent tous deux maires de Saléon

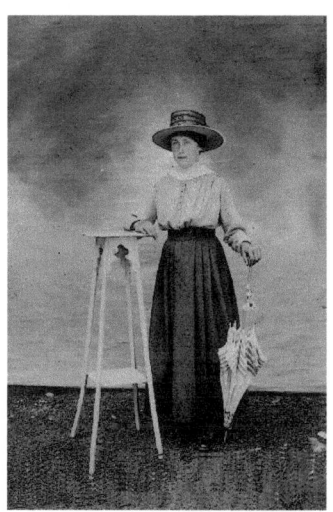

Photo du haut, à droite : Séraphin Telmat, colporteur, syndicaliste, secrétaire de la section socialiste des Hautes-Alpes en 1935. En bas, Alexandre et Octavie Manent, propriétaires terriens à Saléon et de la forge de Pont-Lagrand.

La famille Blanc. En haut à gauche, Lucien et Henriette Blanc vers 1920. Lucien Blanc en uniforme du 157ème RI dans lequel furent incorporés également Baptiste Mascon (père de Louis) et Alfred Arnaud, tous deux morts pour la France un même jour, le 11 octobre 1914. Nés à Saléon, sont aussi morts pour la France Octave Arnaud, Albert Gabriel et Pierre Reynaud.

La famille Pelloux. A gauche Léon Pelloux, sa femme Marthe né Raynaud et leur fille Jeanne ; à droite, Auguste Pelloux

La famille Vial. En haut à gauche Mathilde, avec Eyguians en arrière-plan, le lit du Buëch est d'une largeur disparue. En bas Yvonne Vial. A droite, Gustave Viale et ses enfants.

En haut à gauche Michel Vial et sa femme, Clara, née Mascon. A droite Louis Vial. En bas, photo de mariage d'Yvonne Vial,

Famille Garoscio : en haut, en 1940 Gabriel, Janine et Georgette devant la première maison du village sauvée de la ruine par des résidents secondaire. En bas Janine et Georgette Garoscio avec la grand-mère Roman en 1936

Un véhicule, un vélo, un camion, c'est une fierté, on pose avec, devant, dessus.

En haut à gauche, Emile Vial ; à droite Louis et André Roman avec Gabriel Vial ; en bas la famille Lombard en 1935 avec Berthe Roman.

Saléon, bribes de vies, brèves d'Histoire

Un village, ce sont des occasions de se retrouver, de se croiser, de se marier, de s'amuser comme les sourires ou les rires le laissent deviner. C'est une école, avec ces gamins, nos anciens, qu'on a croisés. Ce sont des noms qui sont des lieux-dits, des souvenirs.

Ici en 1938, les enfants de l'école : debout Roger Faucon, Félix Taxil, Marcel Rabasse, Flavie Audibert, Roseline Arnaud, André Jouve. Devant Janine Garoscio, Marie-Louise Audibert. A l'époque l'école se trouvait dans la maison Bertrand devenue mairie (aujourd'hui maison Marcel). Elle avait été antérieurement dans une pièce de la maison Beauquis, ancien presbytère, comme en témoignaient des graffitis.

Page suivante : Gabriel Daucet, Paul Arnaud, Louis Roman; André Jouve lors de la construction de la maison Arnaud à La Tuilière ; ca.1953 ; Roselyne Arnaud, née Roux, Félix Taxil qui fut maire et Yolande Blanc vers 1940 ; Rosa Allemand et Claude Aigon, 1957.

Saléon, bribes de vies, brèves d'Histoire

De gauche à droite ; debouts : Léon Pelloux, Armand Pons, sa fille Mado, André Roman, Emile Caldu ; assis : Louis Roman, Jean Marie Allemand

La famille Roman, avec une vue assez rare de 'Jean de Paris' en hiver, à droite Louise Laurent

Activités d'antan

Les travaux des champs sont les activités qui se retrouvent le plus sur les photos de la première moitié du XXème siècle à Saléon. On y voit les habitants labourer, moissonner, fouler, battre le blé.

Les premiers labours se font toujours avec des attelages, les moissonneuses batteuses semblent d'étranges assemblages d'engrenages, la force des bras, la traction animale jouent encore un grand rôle dans nos montagnes avant la Seconde Guerre Mondiale, alors que peu à peu apparaissent les premiers tracteurs (après-guerre comme le montre une photo de 1947 avec André Roman), et que les botteleuses remplacent les fourches.

La plupart des photos suivantes montrent la famille Roman au travail dans les années 30.

Saléon, bribes de vies, brèves d'Histoire

Saléon, bribes de vies, brèves d'Histoire

Fileuse de laine au village

Cueillette des cerises en 1942, Emmanuel et Roselyne Arnaud avec Edouardo.

Vendange à la Tuilière, en 1942

Saigner le cochon est un moment de partage dans les petites communautés rurales comme Saléon, cela se fait à la fontaine du village (il ne reste de la fontaine d'origine que la pierre marquée 1855, le lavoir ultérieur en ciment a été détruit) ou dans les lieux-dits (ici chez les Roman à Jean de Paris)

Le Buëch a longtemps été aussi un point focal d'activité. Il fallait le traverser dans le passé, puis il est devenu un lieu pour se balader (promenade scolaire en 1937 des écoles de Saléon et Lagrand), pour se baigner, notamment avec les premiers estivants (Janine et Gabriel Garoscio et Janine et Georgette Garoscio, en 1935).

Louis Mascon, dernier berger du village, avec son troupeau devant l'ancien bassin d'irrigation. On devine l'église en contre-jour à gauche. On l'a croisé pour ses 20 ans, il était de ceux qui tuaient le cochon à Jean de Paris ; ici en 1970, il était le dernier Mascon de Saléon, famille dont le patronyme est le premier attesté dans les registres paroissiaux du village

En guerre – 1939/1945

Conscrits, mobilisés, débâcle, maquis, résistants, morts pour la France, mais aussi quelques images qui rappelle que les Français ont continué à vivre pendant les heures sombres de la Seconde Guerre Mondiale : les clichés suivants nous racontent cette période dans la commune de Saléon

Le 11 novembre 1938, devant le restaurant Trinquier à Eyguians, les hommes sont réunis. Devant, à gauche, Léon Trinquier, qui sera pami les résistants, sera trésorier du maquis Morvan et mourra en déportation.

Emile Roman, en uniforme de zouave en 1938

Saléon, bribes de vies, brèves d'Histoire

En 1940, l'heure de la débâcle a sonné. Les soldats français, en déroute, fuient devant la poussée allemande et, parfois abandonnés par leurs chefs, se replient en désordre, faisant halte où ils peuvent. Sur ces photos des soldats de passage sont devant la maison Garoscio

Léon Trinquier, à droite sur la photo du haut, ancien maire de Saléon, rejoint la résistance et participe au maquis Morvan. Arrêté et déporté, son nom figure sur plusieurs monuments des environs. En bas à gauche, Gabriel Daucet, Louis Roman et Gabriel Vial qui seront résistants. A droite, Gabriel Daucet

Saléon, bribes de vies, brèves d'Histoire

Image du maquis, notamment en haut Rémuzat, provenant des collections de photos de habitants de Saléon. En bas la popotte au maquis, 1944.

Jeunes du village, après le passage au STO le 5 mars 1943, qui poussera nombres de jeunes vers les maquis. En août 1943, le Grand Prix cycliste de Trescléoux illustre que la vie continuait malgré les difficultés

Symbole des restrictions et des difficultés de la population, camion équipé d'un système gazogène sur la route menant à Laragne, contrôlé par des soldats allemands en 1943.

Saléon, bribes de vies, brèves d'Histoire

La vie continue dans les campagnes, que ce soit lors des moissons (ici Madame Pons lors des moissons de 1943) ou quand les jeunes gens du village se retrouvent (photo de 1944)

Groupes de jeunes gens du village, en pique-nique en 1940 et lors d'une balade en vélo entre 1940 et 1945

Enfin, août 1944 voit la Libération de la vallée et des villages, ici fêtée à Lagrand.

Sommaire

Avant-Propos	7
La Préhistoire à Saléon	9
Au cœur du territoire voconces	13
Moyen-Age : Saléon entre dans l'Histoire	15
Seigneurs de Saléon jusqu'à la Révolution	23
Le Buëch, frontière nourricière	25
Le XIXeme siècle entre industrie et faits divers	27
La source salée, éléments historiques	30
La source salée, origine du nom du village ?	34
Le blason du village	36
Saléon, 1939-1945 – souvenirs	40
Bribes de vies, photothèque	44
Familles et habitants	45
Activités d'antan	62
Saléon en guerre, 1939-1945	72

Crédits photographies et illustrations

Merci aux familles Francou, Roman, Arnaud, Aigon, Garoscio, Nicols qui nous ont confié leurs clichés et ont permis la création de la photothèque ici utilisée pour illustrer les bribes de vies saléonaises

Carte de Cassini : Jourant/Casimir

Illustration de couverture : Claude Aigon

Blasons et sceau : Laurent Fantino

Introduction de Claude Aigon, textes et légendes de Laurent Fantino, témoignage de Jeannine recueilli par son fils Claude